AF245228

T
F19
53

COUP D'ŒIL

SUR

LES POISONS

ET

LES SCIENCES OCCULTES

Depuis l'Antiquité jusqu'au XVIIIᵉ siècle

par

E. GILBERT

Ex-Pharmacien des hôpitaux de Paris, Lauréat du Concours
du XIVᵉ Congrès des Sociétés de Pharmacie de France.

MÉMOIRE

Couronné au Congrès de Clermont-Ferrand, le 17 août 1876.

MOULINS

IMPRIMERIE CRÉPIN-LEBLOND

—

1876

COUP D'ŒIL

sur

LES POISONS

et

LES SCIENCES OCCULTES

COUP D'ŒIL

SUR

LES POISONS

ET

LES SCIENCES OCCULTES

Depuis l'Antiquité jusqu'au XVIIIe siècle

par

E. GILBERT

Ex-Pharmacien des hôpitaux de Paris, Lauréat du Concours
du XIVe Congrès des Sociétés de Pharmacie de France.

MÉMOIRE

Couronné au Congrès de Clermont-Ferrand, le 17 août 1876.

MOULINS

IMPRIMERIE CRÉPIN-LEBLOND

1876

COUP D'ŒIL

SUR LES POISONS

ET LES SCIENCES OCCULTES

Nous nous sommes proposé dans ce travail succinct de faire l'historique sommaire de la Toxicologie depuis les temps les plus reculés jusqu'au XVIIIe siècle.

Pour faciliter l'intelligence de cette étude, nous l'avons divisée en trois périodes :

1° Temps antérieurs à Dioscoride ;

2° De Dioscoride au XVIe siècle ;

3° Du XVIe au XVIIIe siècle.

PREMIÈRE PÉRIODE

Orphée, médecin et poète, est le premier auteur de l'antiquité qui, sans la nommer, se soit occupé de la science Toxicologique.

En effet, dans son poëme des *Pierres*, il parle des différents poisons tirés des végétaux, et du règne animal ; et de quelques pierres précieuses, que l'on considérait comme antidotes ; il ne nomme point *l'arsenic.* Ce métal n'est pas non plus compris au nombre de ceux qui se trouvent mentionnés dans les œuvres d'Homère ; il n'y est question, que du *fer,* du *cuivre,* du *plomb*, de l'*argent*, de l'*étain* et de l'*or.* Néanmoins, il ne serait pas téméraire de conclure, d'après cette énumération, que certains cas d'intoxication, soit fortuite, soit intentionnelle, par les minéraux, purent se produire dès cette époque, sans que les hommes de l'art aient cru devoir s'en occuper d'une manière spéciale. Ce qui le prouverait, c'est que, dans un passage de l'*Odyssée,* nous voyons que les criminels se servaient du pain pour dissimuler le poison destiné à leurs victimes.

Il est probable que les savants égyptiens avaient sur les poisons des connaissances plus étendues que les Grecs contemporains d'Hippocrate, puisque ce mot se rencontre dans un chant très ancien composé en l'honneur de Thoth, pour célébrer ses talents médicaux, et ceux d'Isis. En voici un fragment : « O Isis, grande magicienne, sauve-« moi, délivre-moi de toutes les choses mau-« vaises et pernicieuses du Dieu ou de la « Déesse des maladies meurtrières, des « *poisons* de toutes sortes, etc. »

Il résulte des récentes études de MM. Maspero et Chabas sur le papyrus Ebers, qu'un des six livres médicaux de Thoth, traitait de la Pharmacologie égyptienne. Dans ce livre il est question des baumes, des pommades, des onguents, des liniments : si les simples et les minéraux étaient employés par la médecine égyptienne, peut-on admettre qu'elle négligeât complétement les herbes et les minéraux toxiques ?

Aux yeux des profanes, les prêtres égyptiens possédaient une puissance occulte plus grande encore que le pouvoir inhérent à leurs fonctions sacrées : sans aucun doute, leur connaissance des substances toxiques, et l'emploi qu'ils savaient en faire à propos, contribuèrent, non moins que leur rang, à les faire accepter comme des êtres d'une race supérieure.

Le silence qu'ils ont gardé sur la composition et les effets des poisons, certainement connus par eux, puisque Orphée en parle et que la science de la Grèce n'est que le reflet de celle de l'Egypte, prouve, non pas leur ignorance, mais leur prudence ; ils ne voulaient pas que le vulgaire fût initié à ce genre de connaissances dangereuses. Ce silence prudent fut même expressément recommandé par les législateurs de l'antiquité, comme le prouve un passage des *Lois* de Platon (1), où il est dit qu'il était interdit

(1) Lib. xii.

à tout médecin de parler de poison, et à plus forte raison d'en ordonner l'emploi, sous peine de mort.

Ainsi les savants de l'antiquité s'imposaient volontairement ou forcément la plus grande réserve pour tout ce qui touche à la toxicologie : on sait avec quelle sollicitude le père de la médecine, Hippocrate, faisait jurer à ses disciples qu'ils ne remettraient jamais une substance mortelle à personne. Voilà pourquoi nous trouvons, dans les auteurs anciens, si peu de détails sur les poisons, et pourquoi nous en sommes, la plupart du temps, réduits aux conjectures. Mais ces conjectures reposent sur des données sérieuses, et, quand nous affirmons que l'antiquité fit usage des toxiques, nous en trouvons la preuve chez Hippocrate lui-même, puisque, au mépris de ses recommandations, il prescrivait l'arsenic contre la phthisie et le catarrhe chronique. Il est vrai qu'il ne décrit pas les effets toxicologiques de ce remède; mais il est probable qu'il réservait ce sujet pour son enseignement oral.

C'est sans doute pour la même raison qu'il existe si peu de renseignements sur les poisons dans les ouvrages d'Aristote, bien que, chez les Grecs, et plus particulièrement chez les Athéniens, la vie des hommes les plus illustres ait eu une fin violente : chacun a présentes à l'esprit la mort de Socrate, celle de Démosthène, de Phocion, et de bien d'autres.

N'est-ce pas à la crainte de mourir par le le poison, qu'il faut attribuer l'usage si ancien de porter, comme antidotes, en se mettant à table, des amulettes ou des pierres précieuses qui avaient, croyait-on, le pouvoir de neutraliser l'effet des substances vénéneuses?

N'est-ce pas au même sentiment qu'est due cette coutume des rois de Perse, imitée plus tard par les princes de l'Europe, de faire déguster par une personne de confiance, un médecin, un officier du palais, les mets servis sur la table royale?

Ainsi depuis les temps les plus reculés on a connu divers poisons, et on en a fait usage, soit dans un but criminel, pour satisfaire la vengeance ou la cupidité, soit légalement et au nom de l'Etat, comme à Athènes, pour faire périr ceux que les tribunaux avaient condamnés au dernier supplice, soit enfin pour échapper, par une mort volontaire, à des ennemis puissants et implacables.

La préparation de ces poisons devait être fort remarquable, si l'on en juge par la rapidité de la mort de Démosthène, qui succomba quelques instants après s'être piqué la langue avec son stylet.

Si le silence prescrit par les lois au sujet des poisons, et recommandé par les maîtres de la médecine, fut rompu par des hommes comme Hippocrate, pouvait-il être mieux observé par les médecins-poètes, à qui convient surtout le mot d'Horace : *Gens audax omnia perpeti?* Nous ne sommes donc point surpris des indiscrétions de Nicandre, de Colophon, contemporain d'Attale, qui dans ses deux ouvrages *de Theriaca* et *Alexipharmacis*, donne, sous la forme séduisante de la poésie, des renseignements assez détaillés sur les animaux vénimeux et les poisons végétaux, en tête desquels il place l'opium (1). Les

(1) Nicandre énumère les propriétés des poisons végétaux ci-dessous : Opium, Jusquiame blanche et noire, la Mandragore, la Ciguë, l'Aconit, le Colchique, le Daphné mezereum, l'Ellébore, l'Herbe sardonique (Renoncule), les Champignons, la Bryone, etc.

poèmes, outre le charme des vers, avaient pour les savants le mérite de renfermer des idées physiologiques pleines d'intérêt, et pour le vulgaire l'attrait malsain, mais irrésistible, de traiter de matières dangereuses; ils durent donc être fort recherchés, et contribuer aux progrès de cette branche trop souvent criminelle de la science.

Parmi les animaux vénimeux : le sang de Taureau putréfié, les Crapauds, les Salamandres, la Sangsue, le Lièvre marin, les Buprestes, les Cantharides, etc.

DEUXIÈME PÉRIODE

DE DIOSCORIDE AU XVI° SIÈCLE

Si, des Grecs et des Égyptiens, nous passons aux Romains, nous voyons que leurs historiens, leurs savants et leurs érudits, tout en ne fournissant pas aux profanes des explications qui auraient pu devenir un danger, ne craignent pas d'aborder ce sujet délicat; c'est ainsi que, sans parler de tout ce qu'on a écrit sur Mithridate, on pourrait faire dans Celse, Suétone, Pline, Tacite, et dans les poëtes contemporains, une ample moisson de faits intéressants, et très souvent dramatiques sur l'emploi des substances vénéneuses.

2

Qu'il nous suffise de citer le nom des Canidie et des Locuste, que la poésie, le théâtre, la peinture et les statuaires ont rendues à jamais célèbres. Ces abominables sorcières avaient de nombreux émules de l'un et de l'autre sexe ; il n'est donc pas étonnant que l'on pût facilement à Rome, où, d'ailleurs, les lois prohibitives n'étaient pas aussi rigoureuses qu'à Athènes, se procurer les poisons tout préparés ou les préparer soi-même. Si l'on en croit Plutarque, cet art terrible de donner la mort par les toxiques, qui fut presque ouvertement pratiqué vers la fin de la République et sous les premiers Empereurs, aurait été constaté dès les premiers jours de Rome, puisque Romulus crut devoir inscrire dans les lois qu'il promulgua, après l'incorporation des Sabins : « *que toute femme coupable d'avoir empoisonné* « *ses enfants, pourrait être répudiée par son* « *mari.* » (1)

Quant aux traités spécialement composés sur les poisons, le plus intéressant pour nous comme le plus complet, est celui qu'on attribue à Dioscoride, célèbre médecin de Cilicie,

(1) *Vie des hommes Illustres. T. I.*

qui vivait vers le commencement de l'ère chrétienne.

Dans ce traité qui forme les livres VI, VII et VIII de son grand ouvrage sur *la Matière médicale*, Dioscoride nomme pour la première fois l'*arsenic*. (1)

Ce poison si puissant était donc connu alors et employé sans aucun doute. C'est par lui que se dénoueront le plus souvent, d'une manière si prompte et si terrible, ces drames intimes du palais impérial, dont Tacite nous a révélé les scandaleux mystères et les odieuses ma-

(1) Ce corps qui n'a été bien étudié que dans les temps modernes, était vulgairement nommé *sandaraque*, plus communément que *arsenicum*. On le rencontrait principalement à Mysie, dans l'Hellespont, sous la forme de morceaux compacts jaunes, lourds et écailleux. C'est l'orpiment ou sulfure jaune d'arsenic. Il paraît étonnant néanmoins que les anciens médecins et naturalistes, n'aient pas décrit avec plus de précision les effets toxiques de l'*arsenic blanc ou sublimé*, puisque d'après Pline (livre XXXIV, chap. XVIII), pour donner plus de propriété à l'orpiment, il faut le torréfier dans un vase de terre neuf, jusqu'à ce qu'il change de couleur. — *Torretur ut validius prosit in novâ testâ donec mutet colorem.* — Dioscoride lui-même affirme que calcinée avec des charbons *la sandaraque change de couleur.* — En résumé par le nom d'arsenic les anciens entendaient tantôt le sulfure pur, tantôt l'arsenic blanc.

chinations. Le palais des Césars n'avait rien à envier au laboratoire de Locuste. Là, dans un appartement reculé, sous les yeux du maître attentif et soupçonneux, se faisait sur de pauvres esclaves, dont la vie comptait pour bien peu, l'*experientia in animâ vili* de quelque préparation nouvelle, destinée à rendre prématurément *immorte.s* les Claude et les Britannicus.

Quand l'exemple venait de si haut, que ne devaient pas oser une aristocratie corrompue, un peuple dépravé? Aussi les magiciens dont on bannissait avec ostentation quelques adeptes, Anaxilaüs, sous Auguste, Apollonius de Thyane, sous Néron (car la perversité a beau régner dans un Etat, le respect, au moins apparent, de la morale s'impose toujours au législateur), les magiciens étaient-ils secrètement soutenus, courtisés et gorgés de richesses : il en venait de toutes parts à Rome, mais surtout de la Thessalie, du Pont et de l'Arabie. Leur art, presque toujours accompagné de pratiques étranges, de visions et de prodiges, comme nous l'apprend le roman si souvent imité et traduit de *L'âne d'or,* se divisait en deux branches principales : la confection de remèdes, parfois inoffensifs, plus souvent nuisibles, et la préparation des philtres amoureux.

A la classe des prétendus remèdes, appartenaient, pour ne citer que ces deux cas entre mille, l'onguent dont parle Suétone, appelé l'*onguent de Colombus*, parce qu'il avait servi à panser, par ordre de Caligula, et à faire mourir le gladiateur Colombus, dont l'Empereur était jaloux, pour n'avoir pas su le vaincre l'épée à la main, et le gargarisme mortel que Néron fit donner à son ancien précepteur Burrhus, dont la complaisance, bien grande cependant, pour les crimes de son terrible élève, paraissait prête d'être épuisée.

/C'est aux philtres qu'on attribue la mort prématurée d'un grand nombre de Romains illustres, notamment celle de Lucullus et de Properce. Quand ils ne tuaient pas, ces philtres altéraient plus ou moins gravement la raison, ou jetaient dans une sorte de frénésie qui se terminait souvent par le suicide. Si Caligula devint le monstre que l'on sait, il le dut, dit-on, au breuvage d'Hippomane, que lui fit prendre la belle Césonie, sa quatrième femme./

Les magiciens et les sorciers variaient l'apparence de ces philtres et en déguisaient le goût : par des doses graduées, ils pouvaient en modérer l'effet, et reculer le dénouement fatal d'un ou plusieurs mois; le malheureux dont les jours étaient comptés, tombait dans l'asthénie, le marasme, et se consumait peu à peu jusqu'au moment où il exhalait son dernier soupir.

Quelles substances entraient dans la composition de ces poisons *lents*, mais surs? Il serait difficile de le dire d'une manière précise, on peut cependant, sans crainte de trop se tromper, admettre que l'*arsenic* et l'*aconit* en étaient les principaux éléments. En effet, l'exploitation des mines d'arsenic allait chaque jour en se développant; il fallait donc que le commerce de cette substance pernicieuse fut prospère. Quant à l'aconit, si la culture en fût prohibée sous peine de mort par une loi de Trajan, non seulement dans les jardins de Rome, mais dans tous ceux de l'empire, n'est-ce pas que les sucs de cette plante vénéneuse étaient trop connus et d'un usage trop fréquent?

La magie prospéra donc longtemps, soit

à ciel ouvert, soit dans l'ombre. Ses adeptes étaient redoutés du peuple qui leur attribuait, dans son ignorance (hélas! combien, malgré les progrès des siècles, les paysans, en certaines contrées, ne ressemblent-ils point à ces stupides Romains de la décadence!) le pouvoir surnaturel d'enchanter, par leurs sortilèges, les troupeaux et les biens de la terre. Mais enfin l'heure de la justice sonna, et ceux qui avaient pu braver toutes les lois, depuis celles des Douze tables, qui leur interdisaient d'ensorceler les champs et les moissons, jusqu'à celles des Empereurs qui les déportaient dans certaines îles, ou les exilaient en pays barbares, furent sévèrement recherchés et punis. L'accusation de magie, après avoir trop souvent servi à persécuter les philosophes et les chrétiens inoffensifs, frappa les vrais coupables, qui furent proscrits par Constantin (321). Cette loi de proscription fut inscrite dans le code Théodosien, et le dernier supplice fut infligé à tous les magiciens, même à ceux qui prétendaient n'exercer leur art que par philanthropie.

Dès lors la science des poisons devint ce qu'elle aurait dû toujours être, une branche

de l'art médical : Oribase, médecin grec, ami
de l'empereur Julien, dans un grand ouvrage
qui n'avait pas moins de soixante-dix livres,
mais dont vingt-deux seulement sont parvenus jusqu'à nous, donne une large place
à l'analyse et à la description des poisons
connus de son temps; puis il aborde l'étude
non moins intéressante et bien plus utile des
contre-poisons, réalisant ainsi l'espérance
que fait naître ce vers célèbre digne de servir
de devise à l'art pharmaceutique :

Mille modi mortis, mille salutis erunt.

On s'étonnerait à juste titre que Galien, le
plus grand génie médical de l'antiquité après
Hippocrate, ne nous ait point laissé de traité
spécial sur les poisons, lui qui, à l'imitation
d'Aristote son modèle, semble avoir voulu
scruter tous les secrets de la nature, si l'on ne
savait que la plupart des sept cent cinquante
ouvrages qu'on lui attribue ne sont point
parvenus jusqu'à nous. On en trouve cependant le reflet dans les vastes compilations
d'Aétius, médecin alexandrin du Vᵉ siècle,
qui a beaucoup emprunté, non-seulement à
Galien, mais à tous ses prédécesseurs jusqu'à Hippocrate inclusivement. Aétius décrit

un assez grand nombre de substances toxiques, et quoiqu'il se soit plus particulièrement occupé des médicaments externes, il donne d'utiles renseignements sur la manière dont il faut, suivant lui, préparer les contre-poisons. C'est presque toujours à l'aide d'un vin généreux dont la force est augmentée ou diminuée, suivant le cas, par d'habiles mélanges.

Parmi les poisons, ce sont les sulfures d'arsenic qui paraissent avoir plus particulièrement attiré son attention ; ce sont ceux qu'il décrit avec plus de soin. Il signale, avec plusieurs de ses devanciers, le danger des préparations arsenicales dans le traitement de certaines maladies chroniques, notamment dans le traitement du cancer, dont ce fut longtemps le remède préconisé de Celse à Galien : c'est ce que nous apprend, dans son livre de *Compositione medicamentorum,* où il énumère les poisons connus de son temps, le médecin empirique Scribonius Largus, qui avait été disciple du premier.

Ce fut aussi un compilateur, mais non un compilateur servile, que Paul d'Egine, célèbre médecin du VIIe siècle. Comme Scribonius, mais avec plus de discernement et d'indépendance d'esprit, il copie ou résume les traités de ceux qui l'ont précédé; mais il a le soin de contrôler leurs observations par les siennes, et, même lorsqu'il s'agit d'Hippocrate et de Galien, oracles toujours respectés de l'art médical, loin d'accepter tout sur la foi du maître, il ne craint pas de signaler les erreurs que les progrès des sciences et l'expérience des siècles lui permettent de constater dans leurs ouvrages. Quoique le vi° livre de son grand Traité de médecine soit le plus estimé, car il le consacre à la chirurgie (et Paul avait été un chirurgien éminent), on aurait tort de ne pas accorder aux autres l'attention qu'ils méritent : celui qui parle des poisons, bien qu'il ne renferme qu'un petit nombre de données nouvelles, n'est pas, tant s'en faut, dépourvu d'intérêt. Il répète, mais en le disant mieux, ce qui a été dit sur ce sujet depuis Dioscoride; il indique aussi quelques remèdes originaux : ainsi, comme contre-poison de l'arsenic, il est d'avis d'employer le vin et la graisse en grande quantité. Est-ce un remède efficace? Peut-être, en y mêlant d'autres substances ; quoi qu'il en soit, nous en connaissons aujourd'hui de plus énergiques et de plus utiles.

Le moyen âge fut le triomphe de la médecine arabe; Avicenne et Averroës héritèrent de la gloire d'Hippocrate, d'Aristote et de Galien. Il est vrai qu'ils leur avaient beaucoup emprunté, car les ouvrages grecs de quelque importance furent de bonne heure traduits dans la langue de ce petit peuple qui, par la guerre d'abord, puis par la science, les arts et l'industrie, finit par conquérir la plus grande partie de l'univers.

Pendant que le monde musulman resplendissait d'une vive lumière, le monde chrétien, cruellement ravagé par les invasions successives des peuples barbares, restait plongé dans les ténèbres; tout ce qui tient aux œuvres de l'intelligence y fut languissant, et la médecine subit le sort commun. (1) Elle n'emprunta guère aux arabes qu'un engoue-

(1) Cependant, la science lors de ce bouleversement universel, avait trouvé asile dans les monastères et un ami chez le moine.

Albert le Grand, Vincent de Beauvais, Raymond Lulle, Bazile Valentin, l'abbé Trithème s'occupaient de l'étude des métaux, ils établissaient leurs différentes propriétés, découvrirent des sels par les combinaisons, les convertirent en médicaments chimiques dont le mode de préparation est encore le même aujourd'hui.

ment irréfléchi pour les sciences occultes, qu'ils avaient trouvées florissantes en Egypte où, depuis des siècles, l'art sacré renouvelait les prétendus prodiges de l'art Hermétique.

Longtemps chez nous l'Alchimie, dont le nom arabe suffirait seul à révéler l'origine, fut presque l'unique préoccupation de ceux qu'on regardait comme les dépositaires de la science. Mais s'ils découvrirent des combinaisons nouvelles, tels que les préparations *de l'arsenic, du plomb, du mercure, de l'étain, du cuivre, du sublimé corrosif, de l'eau régale et de la pierre infernale :* il ne semble pas que les alchimistes, du moins dans les premiers temps du grand œuvre, aient cherché à étudier d'une manière particulière les propriétés toxiques de ces substances : uniquement absorbés dans la recherche de la pierre philosophale, ils n'avaient d'autre but que la transmutation des métaux, et ce n'est que vers la fin du moyen âge, qu'ils songèrent sérieusement à tirer profit de la crédulité ou de la cupidité humaine. Chacun s'évertua dès lors à composer ces élixirs, ces pommades, ces poudres qui guérissaient quelquefois, et qui plus souvent donnaient la mort.

Quel que soit notre désir d'être bref, nous croyons nécessaire de dire quelques mots, au moins en ce qui concerne le sujet que nous traitons, du *Canon* d'Avicenne, puisqu'il eut l'honneur, jusqu'au XVII° siècle, d'être le fondement des études dans la plupart de nos écoles, et notamment dans celle de Montpellier. Un chapitre presque entier de ce grand ouvrage (1) est consacré aux poisons minéraux, et particulièrement à l'arsenic. Avicenne distingue l'arsenic des sulfures ; « il est, dit-il, blanc, jaune ou rouge ; le blanc est l'acide arsénieux, le jaune l'orpiment, le rouge le Réalgar. L'odeur de ces deux composés a de l'analogie avec le soufre. »

Après avoir constaté le principe sulfurique de ces deux corps, Avicenne parle de leur emploi en thérapeutique. Il décrit ensuite leurs effets dans l'empoisonnement et, comme Paul d'Egine, il recommande les boissons vineuses pour les combattre.

Pour Avicenne, c'est en se mêlant à la circulation du sang que les poisons pénètrent jusqu'au cœur, où ils déterminent la mort, en arrêtant les fonctions de cet organe. Il y a du

(1) Le 49° du liv. II.

vrai dans cette théorie ; cependant de récents travaux, ceux de M. Claude Bernard plus particulièrement, ont démontré que, si l'absorption du principe métallique des poisons est un fait définitivement acquis à la science, cette absorption ne se fait pas uniformément par le sang. Il semble, en effet, qu'il se produise une sorte de sélection mystérieuse; si bien que certains minéraux se rendent directement dans le foie, d'autres dans les poumons, d'autres dans le cœur. De cette manière et grâce à l'admirable sagacité de nos maîtres actuels, nous pouvons presque à coup sûr, lorsqu'il s'agit d'un empoisonnement par l'arsenic, ou par telle autre substance métallique donnée, savoir si c'est dans le foie, ou dans tout autre organe déterminé, que nous devons chercher la preuve de l'accident ou du crime commis.

Les derniers siècles du moyen âge furent marqués par de grandes commotions politiques, de longues guerres, de terribles fléaux; au milieu des horreurs de la guerre de cent ans, pour ne parler que de notre pays, en présence des événements tragiques qui attristaient le palais de nos rois, en voyant les dépradations, les discordes des princes, la folie du roi, l'assassinat de son frère, l'inconduite de sa femme, la funeste Isabeau de Bavière, en assistant aux hécatombes humaines que signalaient les passages de la peste noire, le peuple, d'ailleurs ignorant et superstitieux, eut l'imagination frappée d'une indicible terreur. Incapable de comprendre la cause de toutes ces calamités réunies pour accabler une nation malheureuse, qui aurait dû succomber alors, si la France pouvait jamais périr, il attribuait ces maux à l'action d'un pouvoir surnaturel, aux sortiléges, aux incantations des adeptes de la magie. Aussi la haine aveugle, qui proscrivait les lépreux et les juifs, accusés d'empoisonner les puits, les fontaines et même les rivières, s'attaquait-elle aux personnes les plus douces, les plus vertueuses, par exemple à la bonne Valentine Visconti, l'ange gardien de l'infortuné Charles VI, qui fut obligée de quitter Paris, où ses jours n'étaient pas en sûreté. On l'accusait, Dieu sait avec quelle injustice, d'avoir par ses artifices et ses *charmes* troublé la raison du roi; rien d'étonnant, disait-on, puisqu'elle était italienne, et que son père était fort versé dans les sciences occultes. Le mot *charmes* n'avait pas alors le sens gracieux et figuré que nous lui donnons aujourd'hui. Dire à quelqu'un : « Tu me charmes, vous m'enchantez, » eût été regardé comme une mortelle injure; car, au XIVe siècle, les charmes et les enchantements conduisaient infailliblement au bûcher.

C'est que les charmes n'étaient pas inoffensifs; presque toujours, le poison, adroitement administré en assurait le succès. C'est ainsi que procédait une magicienne célèbre de Paris, Marguerite de Belleville, dont parle le continuateur de Nangis, aux années 1318 et 1319 : son procès démontre que *l'arsenic sublimat* faisait le fond de ses enchantements.

Le même poison aurait, dit-on, servi à Charles-le-Mauvais pour attenter aux jours de Charles V et des princes de sa famille; mais il est probable que Charles, ambitieux et violent, complice d'Etienne Marcel, allié des Anglais contre la France, n'a pas été jugé avec impartialité par ses ennemis. (1)

(1) Ne peut-on pas en dire autant de Manfred, vice-roi de Naples, qui aurait fait périr son frère Conrad au moyen d'un lavement empoisonné.

Quoi qu'il en soit, une chronique raconte que le ménestrel Woudreton avait été chargé par lui de l'exécution du crime : le prince lui avait promis, s'il réussissait, de le combler d'honneurs et de richesses ; il lui avait même indiqué le moyen de se procurer, sans danger, la substance vénéneuse : « Tu iras, lui dit-il, « ès hostels des apothicaires acheter de l'ar- « senic; c'est une poudre blanche, lourde et « ténue : tu en saupoudreras les viandes, et tu « en introduiras dans les bouteilles du dres- « soir. » Arrêté avant d'avoir pu exécuter ce criminel dessein, Woudreton fut exécuté en place de Grève l'an 1384. (1) Si la citation qui précède est exacte, elle peut servir à expliquer le proverbe accrédité, d'après Dulaure, dès la fin du règne de Charles V : « Défiez-vous des quiproquos des apothicaires et des *et cætera* des notaires. »

(1) *Charles de Navarre*, par Mortonval, vol. II, p. 304

TROISIÈME PÉRIODE

DU XVIᵉ AU XVIIIᵉ SIÈCLE

Au commencement des temps modernes, c'est l'Italie qui, au point de vue des lettres, des arts et des sciences, occupe le premier rang parmi les nations de l'Europe; mais au fond de cette civilisation brillante de la Renaissance, un regard attentif, peut démêler sans peine tous les vices de la corruption la plus raffinée; les projets ambitieux, les intrigues amoureuses triomphent ou se dénouent par le poignard et le poison; l'Italie devient la terre des *Bravi*, et semble se faire gloire de son surnom de *Venenosa*. C'est l'époque des Médicis, mais c'est aussi celle des Borgia et quoiqu'il ne faille pas accepter sans contrôle les récits des historiens contemporains qui, comme Paul Jove, s'abandonnent trop à la passion du moment, il est permis de croire que le *poison des Borgia* ne joua pas seulement un rôle dans les romans et les drames d'illustres écrivains.

Dans un pays où la *vendetta* passait d'une génération à l'autre, on vit se produire de touchantes aventures et d'épouvantables catastrophes. En effet, si les amours de Roméo et de Juliette, comme le Somnifère de frère Laurent, appartiennent à la légende, l'histoire constate, presque dans chaque ville, des haines héréditaires entre des maisons rivales et d'autant plus acharnées l'une contre l'autre que d'ardentes compétitions politiques se joignirent aux rivalités personnelles.

Dans un pareil milieu, l'art de préparer les poisons, de les dissimuler sous une apparence séduisante, et de les administrer avec adresse, dût promptement arriver jusqu'à la perfection. Pour trouver les preuves du progrès accompli dans cette branche, trop souvent criminelle, de l'art pharmaceutique, il suffit d'ouvrir un livre fort célèbre à son apparition et qu'on lit encore avec intérêt, *la Magie naturelle*, de Giambattista Porta. Ce savant avait fondé une académie que le Pape Paul IV supprima parce qu'elle s'occupait *d'arts illicites*, bien que son but avoué fût la recherche des secrets utiles à la médecine.

La magie naturelle, n'est elle-même, malgré les réticences et les précautions oratoires de l'auteur, qu'un véritable traité de Toxicologie. Porta insiste sur la puissance des narcotiques qu'il énumère, établissant trois degrés bien tranchés dans leur action : la Narcotisation, l'aliénation mentale momentanée, la mort. (1) Que l'on force quelque peu la dose du philtre déstiné à produire la simple narcotisation, et le sujet tombe dans l'hallucination, il a d'étranges visions, et se croit transporté dans un monde merveilleux ; qu'on la double, et le délire amène promptement la mort.

Ces hallucinations que l'on obtient à l'aide de la jusquiame, de la belladone, du stramonium, réduits en poudre et mélangés avec les aliments peuvent, dit Porta dans le chapitre

(1) Eædem plantæ quæ somnum inducant, si paulò plus propinentur, dementant *(Magia, natur. de médicament. expert :* Lib. viii, p. 151)

consacré à la cuisine, produire les effets les plus étranges : sous leur influence, les convives se croient transformés en bêtes; on les voit faire le signe de brouter l'herbe comme les bœufs, nager comme les phoques et barbotter comme les canards dans les mares.

En administrant trois heures avant le repas, sous prétexte d'aiguiser l'appétit, un prétendu apéritif, composé avec de la racine de belladone concassée et infusée dans du vin, on peut renouveler le supplice de Tantale, et faire que, en présence des mets les plus succulents, des boissons les plus attrayantes, la victime ne puisse manger ni boire. Mais c'est un jeu dangereux, car, si le principe vénéneux de la belladone, *l'atropine,* après avoir été dissout dans le vin, peut violemment contracter le pharynx et arrêter toute tentative de déglutition, il peut aussi fort souvent empoisonner complétement, et, pour produire ce résultat fatal, il suffit, chez celui qui l'administre, d'un moment d'oubli, d'une simple distraction. Certes, si tous les cuisiniers suivaient cette méthode, ils mériteraient bien le titre d'empoisonneurs que leur donne Porta; heureusement, s'il est beaucoup de mauvaise cuisine et de restaurateurs peu scrupuleux, il est aussi de vrais artistes en ce genre, et la réputation de la France, sous ce rapport, n'est pas à faire.

Le livre II de l'ouvrage de Porta, traite de l'onction magique par laquelle l'être humain dépouillé, prétend-t-il, des liens matériels du corps et doué d'une puissance merveilleuse de locomotion aérienne, se trouve en quelques instants transporté au milieu des scènes étranges du Sabbat.

On le voit, c'est une réminiscence de l'*Ane d'or*, qui avait déjà trouvé place dans un ouvrage de Cardan (1); seulement Porta fait du *solanum somniferum* la base de cette onction magique, tandis que Cardan y fait entrer la *jusquiame* et l'*opium*.

Un autre savant de cette époque, André Laguna, médecin du pape Jules III, raconte un fait qui pourrait, jusqu'à un certain point, donner l'explication de ces singuliers phénomènes d'hallucination : Ayant reçu d'un soi-disant sorcier une pommade merveilleuse composée de substances, qui, sans doute, différaient peu des précédentes, il en fit l'application à une femme affligée d'une insomnie

(1) *De Subtilitate* Chap. XVIII.

invincible ; le remède opéra si bien que la malade dormit trente-six heures de suite d'un sommeil fort agréable, puisqu'elle croyait voir des danses joyeuses, et entendre un mélodieux concert de flûtes et de tambourins.

Ainsi, en variant les substances assoupissantes, en les administrant à l'intérieur, ou à l'extérieur, on peut obtenir des effets divers allant de l'enthousiasme guerrier des *Assassins* célèbres au temps des Croisades, aux rêves enivrants des amateurs de haschich. Dans un travail plein d'intérêt sur le *Népenthès* d'Homère, M. Virey (1) croit pouvoir affirmer que la principale substance employée dans ces philtres et pommades narcotiques devait être le *Hyosciamos Datura* de *Forskal*, dont on fait encore usage en Egypte, et dans tout l'Orient pour des préparations analogues.

Rendons cependant justice à Porta, si personne n'a plus contribué que lui à répandre, en Italie, sa connaissance des plantes vénéneuses, s'il applique même à l'art de l'*Oiseleur* (de Acupio) ses combinaisons toxicologiques (2),

(1) Bulletin de Pharmacie T. V, page 49, février 1818.
(2) Il indique en effet pour prendre les oiseaux un

nous devons reconnaître le soin qu'il a mis à observer et à décrire les effets de certains végétaux dont aujourd'hui la médecine tire de précieux remèdes; nous devons aussi lui savoir gré d'avoir recherché et formulé, avec non moins de scrupuleuse attention, les antidotes des substances qui procurent les hallucinations, inoffensives ou mortelles, dont il retrace le tableau avec un incontestable talent.

De l'Italie à la France des derniers Valois, la transition est toute naturelle; tant de causes avaient contribué à rapprocher les deux peuples! Beaucoup de Français, à la suite des guerres répétées, qui avaient eu pour conséquence l'occupation plus ou moins prolongée du Milanais et du royaume de Naples, avaient fait un long séjour en Italie; beaucoup d'Italiens vinrent aussi s'établir en France, à la suite de leurs princesses qui épousaient nos rois. Il en résulta parmi nous un engouement très-vif pour tout ce qui rappelait l'Italie et les magiciens; les astrologues, les parfumeurs

mélange de feuilles, d'aconit *tue loup*, ou *de verre pilé*, *de chaux* vive, d'arsenic jaune ou orpiment, d'amandes amères et de miel en quantité suffisante pour faire des pilules de la grosseur d'une noisette.

habiles à préparer toute espèce de poudres et de parfums cosmétiques, ne furent pas les derniers à profiter de la faveur de la cour et du public. Ne croyons pas cependant que tous fussent nés au delà des monts; si les plus célèbres, René le Florentin, par exemple, et Cosmes Ruggieri, favoris et, dit-on, auxiliaires de Catherine de Médicis, étaient venus d'Italie en France, ils y avaient trouvé de nombreux émules; émules obscurs sans doute, mais qui n'auraient pu se multiplier, comme ils le firent, si la crédulité publique n'avait pas fait leur fortune. L'Estoile raconte, en effet, dans son journal de l'année 1587, à propos du supplice d'une magicienne nommée La Miraille, que le nombre des sorciers et autre vermine de même sorte, grâce aux troubles du royaume et à la connivence des autorités, s'était tellement accrû sous Charles IX, que leur chef avouait avoir eu jusqu'à 30,000 complices de son art, seulement à Paris, en l'année 1572. Si exagéré que soit ce chiffre, il montre cependant combien les guerres de religion et partant, les haines privées, au paroxysme, avaient favorisé le développement d'une science dangereuse et coupable, qui ne craignait pas de fournir le poison, à l'envoûtement, renouvelé du moyen-âge, et aux conjurations magiques.

A cette époque les noms de sorciers, magiciens, astrologues sont synonymes de celui d'empoisonneurs. Le peuple ne s'y trompe pas : quand il se produit une mort inattendue, c'est aux pratiques criminelles de ces gens funestes qu'il l'attribue ; celle de Charles IX, à Ruggieri, que la reine-mère eut beaucoup de peine à sauver du supplice ; celle de Jeanne d'Albret au Florentin René, le parfumeur de son ennemie.

A propos de cette dernière mort, il convient de relever une erreur dont s'est emparée la légende et que certains historiens ont peut-être trop-légèrement acceptée comme une vérité. Ce n'est pas pour avoir mis des gants parfumés que mourut la reine de Navarre, mais pour avoir mangé des confitures empoisonnées. En effet, après sa réconciliation avec la Cour, elle fut, dit un contemporain, « sous » couleur de caresses, menée çà et là ès mai- » sons des plus factieux où ayant fait quelques » banquets et ayant tasté des confitures d'Ita- » lie, au retour tomba malade au lit, duquel

« elle ne bougea jusqu'à ce que cinq jours
» après, elle eut rendu son âme à Dieu. »

C'est l'arsenic qui, réduit en poudre impalpable, servait à rendre mortels ces sucreries et ces parfums : l'habileté de ceux qui travaillaient à ces perfides préparations était devenue si grande, que rien ne révélait la présence de ce poison terrible, et que, très souvent, la mort de la victime pouvait être attribuée à une cause naturelle. Il n'est donc pas étonnant que les grands médecins de ce temps aient concentré leur attention sur l'arsenic.

Ambroise Paré, le plus illustre d'entre eux, qui en 1536, avait, en qualité de chirurgien suivi en Italie le Colonel-général de l'infanterie française, et qui avait pu voir de près ce qui se pratiquait au delà des Alpes, consacre tout un chapitre de son grand ouvrage (1) à l'empoisonnement par cette substance ; il en décrit les symptômes qui se rapprochent de ceux que produit le *sublimé*, et il en recherche avec soin les antidotes : celui qu'il préfère est la thériaque prise dans du vin de Malvoisie.

Ce n'est pas toutefois sans hésitation que Paré, fidèle aux prescriptions d'Hippocrate,

(1) Le XLV du liv. XXI.

se décide à aborder un pareil sujet ; cependant l'intérêt général l'emporte sur ses scrupules :
» Si j'écris sur les poisons, dit-il, c'est par le
» désir que j'ai toujours eu, et aurai toute ma
» vie de servir à Dieu et au public, avec pro-
» testation devant Dieu de ne vouloir ensei-
» gner à mal faire comme aucuns malveillants
» me pourraient taxer, aussi je désirerais que
» les inventeurs de poisons fussent avortés
» dans le ventre de leur mère ! Les poisons
» ajoute-t-il, ont été inventés par artifices et
» sublimations des méchants traîtres empoi-
» sonneurs, et *parfumeurs*, qu'on devrait
» chasser hors du royaume de France avec
» les Turcs et les infidèles.

Ambroise Paré n'a qu'une bien médiocre confiance dans les prétendus contre-poisons des Espagnols, il ne sera pas, croyons-nous, sans intérêt de citer à ce propos l'expérience suivante qui, nous apprend-il, fut faite à Clermont-Ferrand même.

« Le Roy, dernièrement décédé, estant
» dans sa ville de Clermont, en Auvergne, un
» seigneur luy apporta d'Espagne une pierre
» de *Bezahar*, qu'il luy affirmoit estre bonne
» contre tous venins, et l'estimoit grandement.

» Or, estant lors en la chambre du dit sei-
» gneur le Roy, il m'appela, et me demanda
» s'il se pouvait trouver quelque certaine et
» simple drogue qui fust bonne contre tout
» poison, et tout subit lui répons que non,
» disant qu'il y avait plusieurs sortes et
» manières de venins, dont les uns pour-
» vaient être prins par dedans, les autres par
» dehors. Je lui remonstre que les venins ne
» font leurs effets d'une mesme sorte, et ne
» procèdent les dits effets d'une mesme cause,
» car aucuns opèrent par l'excès des qualitez
» élémentaires desquels sont composez. —
» Autres opèrent par leur propre qualité spé-
» cifique, occulte et secrette, non subiecte a
» aucune raison, et selon la diversité d'iceux
» fallait contrarier; comme s'ils estoient
» chauds, étaient guaris par remèdes froids,
» et les froids par remèdes chauds et ainsi
» des autres qualitez. — Le dit seigneur qui
» apporta la pierre, voulut oustre mes raisons
» soustenir qu'elle était propre contre tous
» venins. A donc ie di a Le Roy qu'on avait
» bien moyen d'en faire certaine expérience
» sur quelque *coquin qui aurait gaigné le*
» *pendre.* Lors promptement envoya quérir

» M. de la Trousse, prévost de son hostel, et
» lui demanda s'il avait quelqu'un qui eust
» mérité la corde. — Il lui dist qu'il avoit en
» ses prisons un cuisinier, lequel avoit des-
» robé deux plats d'argent en la maison de
» son maistre, où il étoit domestique, et que
» le lendemain il devait être pendu et estran-
» glé. Le Roy lui dist qu'il voulait faire l'expé-
» rience d'une pierre qu'il disait très-bonne
» contre tous venins, et qu'il sceust du dit
» cuisinier après sa condamnation, s'il vou-
» lait prendre quelque certain poison, et que, à
» l'instant, on lui baillerait un contre-poison,
» et que ou il s'échapperait il s'en irait la
» vie sauve : ce que le dit cuisinier accorda,
» disant que il aimerait trop mieux encore
» mourir de la dite poison en la prison que
» d'estre étranglé à la vue du peuple. Si tost
» après un apothicaire servant, lui donna
» certaine poison en potion, et subit la dite
» pierre de *Bezahar*. Ayant ces deux bonnes
» drogues dans l'estomac, il se print à vomir et
» bientôt aller à la selle avecques grandes
» expreintes, disant qu'il avait le feu au corps
» demandant de l'eau à boire, ce qui ne luy
» fut refusé. Un peu après estant adverty que

» le dit cuisinier avait pris cette bonne drogue,
» ie priay le seigneur de la Trousse me vou-
» loir permettre l'aller voir — ce qu'il m'ac-
» corda accompagné de trois archers : et
» trouuay le pauvre cuisinier cheminant à
» quatre pieds comme une beste, la langue
» hors de la bouche, les yeux et toute la face
» flamboyante, désirant toujours vomir avec
» grandes sueurs froides et jettoit le sang par
» les oreilles, nez, bouche, par le siége, etc. Je
» luy feist boire environ demy sextier d'huile,
» pensant luy aider, et sauver la vie, mais
» elle ne luy servit de rien parceque elle fut
» baillée trop tard, et mourut misérablement
» criant qu'il luy eust mieux valu mourir à la
» potence. Il vécut sept heures environ ou
» estant décédé ie fait l'ouverture de son corps
» en présence du dit Seigneur de la Trousse
» et quatre de ses archers, où je trouvay le
» fond de son estomach, noir, aride et sec,
» comme si un cautère y eust passé, ce qui
» me donna cognaissance qu'il avait avalé
» du sublimé; et ainsi la pierre d'Espagne
» comme l'expérience le monstra, n'eust
» aucune vertu. A ceste cause le Roy com-
» manda qu'on la jestast au feu, ce qui fut fait !

C'est ainsi que, par une expérience cruelle, mais décisive, l'homme de science démontra l'inanité de ce prétendu contre-poison espagnol. Que de panacées acceptées, même de nos jours, avec une foi aveugle par les habitants de nos campagnes, ne soutiendraient pas mieux l'examen! c'est le devoir, c'est l'honneur du corps médical de démasquer les imposteurs, et de mettre en garde les pauvres malades contre les séduisantes, mais stériles promesses des Charlatans. Or les Charlatans sont nombreux, et les plus dangereux ne sont pas ceux qui se présentent vêtus en généraux sur nos places publiques.

Pour Ambroise Paré, les seuls contre-poisons efficaces sont les cordiaux ; un vin généreux, une liqueur tonique, peuvent, en effet, rendre à l'estomac ses forces ébranlées, et lui permettre de réagir plus énergiquement contre les causes d'altération qu'il a subies. C'est sans doute dans le même but, qu'il proscrit la saignée.

Plus heureux que le cuisinier dont parle Paré, un bohémien sortit vivant d'une expérience analogue. Il s'agissait de vérifier la vertu d'une poudre mystérieuse, de la *pourdrede*

Ferdinand, du nom de Ferdinand, archiduc d'Autriche. Voici comment Mathioli de Sienne médecin de ce prince, raconte le fait :

» Un homme condamné à la pendaison à
» Prague, accepta la proposition qui lui fut
» faite par l'ordre de l'Archiduc de se sou-
» mettre à l'expérience de l'arsenic. On lui fit
» avaler deux grains de ce poison dans une
» potion, quatre heures après il était livide,
» abattu et moribond ; les médecins croyaient
» qu'il allait mourir ; on lui fit prendre une
» dose de poudre dans du vin blanc. A l'ins-
» tant les symptômes se sont apaisés, l'amé-
» lioration a été progressive, le lendemain il
» était guéri, et fût mis en liberté. (1)

Nous croyons que, dans ce cas et dans les cas de guérison analogue que cite encore Mathioli, il faut attribuer l'effet du contre-poison, non pas à la poudre, mais au vin qui servait de véhicule, la poudre devait être composée de substances inertes, et, si la vertu était souveraine, comme le prétend l'expérimentateur, c'était, suivant nous, uniquement parce qu'elle ne neutralisait en rien la force du liquide. S'il en est ainsi, la méthode curative de

(1) Opera omnia, lib. vi page 1000).

Mathioli, dans les cas d'empoisonnement par l'arsenic qu'il a plus particulièrement étudiés, offre beaucoup d'analogie avec celle du médecin français.

/ Un contemporain de Mathioli, le médecin Césalpin, qui ne devait guère aimer les médecins Alchimistes, dits *médecins rationnels*, car il ne les tenait pas en grande estime (1), indique un moyen préventif de se garantir du poison mêlé à la nourriture. Ce moyen, généralement adopté par les Seigneurs de son temps, consistait à faire servir les mets, dans des vases d'*Electrum*.7

Le métal de ces vases, assez semblables pour la composition à notre Vermeil, et pour la couleur à l'ambre jaune, dont ils empruntaient le nom, se ternissaient, dit Césalpin, au contact d'une substance vénéneuse —Il en était de même de certaines pierres précieuses qui, après un séjour plus ou moins prolongé dans une préparation culinaire devaient par l'altération de leur transparance naturelle, révéler la présence du poison, si le plat suspect

(1) » O bone Deus, s'écrie-t-il, in quantis angustiis » infelices ægrotantes versantur, *cum medici rationales* » quid agant nesciunt. (De venenis Franc., 1605.)

en contenait réellement. Peut-être faut-il voir
là l'origine de l'expérience, encore aujour-
d'hui acceptée comme concluante, quoiqu'elle
le soit fort peu, par laquelle bon nombre de
ménagères espèrent s'assurer à l'aide d'une
cuillère d'argent, si les champignons qu'elles
ont accommodés sont vénéneux ou comesti-
bles.

Si Paré s'est occupé des poisons, ce n'est
pour ainsi dire qu'incidemment, car il était
avant tout chirurgien. L'homme qui, au sei-
zième siècle, fit faire le plus de progrès à la
science toxicologique, fut Jérôme Mercurialis de Forli. Maximilien II, guéri par lui d'une
maladie grave, le créa comte Palatin ; mais,
fuyant les honneurs, Mercurialis, après avoir
quelque temps professé à Padoue, se retira
dans sa ville natale, où il continua d'écrire
ses importants ouvrages. Celui qu'il composa
sur les poisons atteste à la fois son érudition
et sa sagacité. Il l'a divisé en deux livres, le
premier traite des généralités, le second renferme la description détaillée de chaque poison en particulier.

Après avoir donné des poisons cette définition énergique : *Venena sunt medicamenta*

mortalia et avoir rappelé, d'après Aristote, qu'ils se distinguent des médicaments ordinaires, en ce qu'ils agissent par doses infinitésimales, il recherche quel en est le principe actif : *leur action*, dit-il, *est encore un mystère; ainsi de l'aimant qui attire le fer, du feu qui brûle, de la lumière qui éclaire?* En sait-on beaucoup plus aujourd'hui, malgré les révélations surprenantes de la chimie? Qui pourrait, par exemple, expliquer d'une manière satisfaisante, pourquoi l'arsenic à l'état métallique ou privé d'oxygène, est inoffensif, et comment il se fait que sa force toxique croisse ou diminue à mesure qu'augmente ou diminue son oxygène? Par quelle mystérieuse et terrible combinaison l'oxygène, ce gaz si nécessaire à notre existence, contribue-t-il à nous donner la mort, lorsqu'il s'unit à l'arsenic métallique ?

Quant à l'utilité des substances vénéneuses, Mercurialis la trouve, ironiquement, dans un passage de Pline (1). C'est, dit l'auteur latin, un moyen offert aux hommes perdus

(1) De causâ finali cum loqueretur Plinius Lib. ii, cap. 23, dixit : Venena non ad aliud finem esse producta a naturâ, nisi ut homo constitutus infame posset statim cum vitâ finire.

d'infamie de débarrasser promptement la société de leur personne!

D'après leur action dynamique, Mercurialis établit deux catégories pour les poisons; les chauds et les froids. Les premiers, dit-il, tuent en augmentant le calorique et en enflammant l'organisme; les seconds, en absorbant la chaleur naturelle. Il n'admet pas, comme Avicenne, que, dans tous les cas, les poisons agissent exclusivement sur le cœur, mais il est d'accord sur un autre point avec le savant arabe, et, comme lui, il croit que les substances toxiques pénètrent dans l'organisme par absorption ; les organes vides pompent, pour ainsi dire, le poison. — Ne pourrait-on pas voir dans ce langage un peu obscur, une sorte de définition de l'*endosmose* dont M. Dutrochet a, de nos jours, si bien établi les lois?

Mercurialis avait étudié l'action réciproque des poisons dans l'économie du corps humain; il savait que la force des uns peut être détruite par celles des autres. Il condamne la saignée « parce que le vide qu'elle fait dans les vaisseaux favorise l'absorption des substances vénéneuses et en accélère les effets. » S'il s'agit d'un poison pris par la bouche, il conseille ce double traitement : provoquer la prompte expulsion des substances toxiques par les vomissements, les urines, les sueurs, etc., en neutraliser l'action par l'emploi du lait. — Comme il importe de faire sortir le poison par la voie qu'il a prise pour entrer dans le corps, Mercurialis recommande surtout les vomissements, et ils les obtient par divers moyens mécaniques, mais on ne doit jamais dans ce cas employer l'ellebore. Le malade sera tenu éveillé tout le temps que dureront les symptômes d'intoxication. En effet « le sommeil, est trompeur, il est souvent le résultat de l'asthénie et produit une sorte d'asphyxie, ce qui paralyse l'action des médicaments, tandis que le venin se glisse plus facilement dans les veines, à la faveur du repos que procure le sommeil. » Le deuxième livre de son ouvrage traite de chaque poison en particulier. Le chapitre IX est plus spécialement consacré à l'acide arsénieux, dont il étudie avec sagacité les effets sur notre corps. Comme contre-poison il indique : le vin d'absinthe, le vin opiacé, l'infusion de canelle dans le vin, et autres remèdes analogues.

Ardouyn de Pise propose à peu près les mêmes procédés curatifs que Mercurialis dans la plupart des cas d'empoisonnements : faire évacuer le poison par des moyens mécaniques, et combattre l'action par des remèdes dynamiques, agissant d'après la loi des contraires. Il trouve au mot venin une étymologie spécieuse : « Il vient, dit-il, des *veines*, car c'est par les veines et les artères qu'il pénètre dans le corps. » *Vena*, en effet, d'où nous avons tiré *venelle*, signifie chemin dans la basse latinité. Parmi les renseignements curieux qu'il fournit sur les poisons minéraux nous remarquons le suivant qui explique pourquoi, de son temps, les empoisonnements étaient généralement causés par l'orpiment, plutôt que par les oxydes d'arsenic : c'est que l'orpiment, ou arsenic jaune, s'achetait à vil prix en Allemagne, tandis que l'arsenic blanc venait de l'Orient, ou les Vénitiens l'allaient chercher à grands frais. Il étudie d'une manière toute particulière l'*arsenic sublimé* que les empoisonneurs administraient presque toujours dans l'alcool ou de l'eau distillée.

La fin du 17e siècle vit s'accomplir d'importantes modifications dont l'exercice de la médecine et de la pharmacie. Ces modifications étaient devenues si nécessaires que le théâtre lui-même, sous une forme satirique exagérée sans doute mais vraie au fond, les réclamait depuis longtemps. Monsieur Fleuran, Monsieur Purgon existaient avant que Molière n'en fît des types immortels. Les hommes de l'art se dépouillèrent en grande partie d'un langage où d'un appareil ridicules, dont on se moquait à juste titre ; la méthode expérimentale se substitua de plus en plus à l'expérience et, surtout après la fondation de l'académie des sciences, le corps médical se fit remarquer par un plus grand savoir, et plus de dignité (1) Les pharmaciens ne restèrent pas en arrière. Quoiqu'ils ne fussent plus, comme autrefois réunis à la corporation des épiciers, on les reléguait volontiers au rang des barbiers et des empiriques de bas étage. Une réaction honorable s'opéra dans l'opinion

(1) C'est l'époque où brillaient les célèbres chimistes Lefèvre, Glazer et Lémery. Le premier fonda l'enseignement de la chimie en France et en Angleterre ; le second fut très-versé dans la science des poisons, ce qui le fit même renfermer quelque temps à la Bastille ; Lémery professait avec éclat à Montpellier et à Paris, comme Lefèvre, fut membre de l'académie des sciences.

publique, sur l'importance de leur art, et la pharmacie tendit de jour en jour à devenir, ce qu'elle devait être et ce qu'elle est à présent, l'auxiliaire intelligente et non plus l'esclave aveugle, la servante dédaignée de la médecine. Cet heureux changement fut favorable aux progrès de la science et la chimie mieux étudiée fournit de nouveaux remèdes, mais comme les lois n'étaient pas encore complètement fixées ces remèdes chimiques, antimoniaux, mercuriaux, ferrugineux et donnèrent lieu à d'interminables discussions entre les médecins et les savants. Il ne faut pas nous en plaindre, mais plutôt y voir le désir qu'avaient nos praticiens de faire la lumière sur des questions malheureusement encore bien obscures. Or jamais on eut plus besoin de cette lumière qu'au moment où le crime trouvait dans *la poudre de sympathie,* *la poudre de succession*, et autres préparations semblables, les plus terribles de ses complices. Ces poudres foudroyantes pénétraient partout, si bien qu'il se produisit alors, dans toute l'Europe, et principalement en France et en Italie, une véritable épidémie d'empoisonnements.

Les plus grands coupables rendirent au moins un compte sévère à la justice, et la conscience publique se rassura quand on vit de quelle manière les Chambres ardentes faisaient leur terrible office. Il suffit de rappeler ici trois de ces causes célèbres. Le procès de la marquise de Brinvilliers, dans lequel fut impliqué le chimiste Glazer; celui de la Voisin qui eu pour complice la Vigoucoux, et celui de la Sicilienne Tofana. Les [deux premiers furent jugés en France en 1676 et en 1680 et le dernier en Italie seulement en 1709. — Il est probable que la *Poudre de succession* sortait du même laboratoire que l'*Aqua Tofana* : C'est en effet de l'Italien *Exili* que la marquise de Brinvilliers tenait sa funeste science; or, dès 1659 Tofana avait communiqué ses horribles secrets à de nombreux adeptes. Quels étaient ces poisons mystérieux? l'arsenic sous diverses formes. — L'*Aqua Tofana* notamment appelée *Aquetta de Napoli* parce que elle avait été inventée et employée d'abord à Naples, était une dissolution arsenicale, blanche et insipide comme l'eau. Cinq à six gouttes de cette terrible préparation suffisaient pour amener la désassimilation progressive des organes, et par suite une mort lente mais fatale, le monstre qui l'inventa ne fut arrêté qu'après avoir fait périr plus de six cents victimes ! Mise à la question, Tofana ne voulut révéler son secret qu'au pape et à l'empereur Charles VI, qui se trouvait alors à Rome, où eut lieu cet épouvantable procès ; l'Empereur en fit part à son médecin Garelli, et c'est par Garelli que Frédéric Hoffmann en eut connaissance et put en expliquer la composition et les effets. *(En sa Médecine rationnelle.)* (1)

(1) Ce n'est pas la première fois qu'il est question dans l'histoire de la médecine d'une eau mystérieuse et malfaisante. D'après Senèque *(Q. nat. II)*, il existait en Thessalie, non loin de la vallée de Tempée, une eau dangereuse qui tuait les animaux lorsqu'ils en buvaient. Dans les sciences occultes, M. E. Salverte raconte que l'eau de Nonacris brûlait le fer, faisait fendre les vases de terre et dissolvait les vases d'airain ; on la trouvait, disait-on, en Macédoine et en Arcadie, mais pour lui c'était un composé artificiel, et bien que d'après Plutarque elle fût reçue sous la forme d'une légère rosée, la description qu'il en donne semble être celle de *l'aqua Tofana*, qui ne serait ainsi qu'une contrefaçon de la liqueur grecque.

CONCLUSION

Nous ne pousserons pas plus loin cet
aperçu, car notre intention ne saurait être de
rivaliser avec les Orfila, les Flandin et leurs
savants émules. Nous avons pensé toutefois
qu'il pouvait y avoir à côté, quoique bien loin
de leurs doctes ouvrages (*le longo intervallo*
du poète ne saurait être employé plus à propos)
place pour un certain nombre de faits curieux
sur une branche très-intéressante de la science.
Notre modeste travail n'est point un traité,
mais une simple causerie, ce sera son
meilleur titre à l'indulgence.